CELEBRATING

NAME..........................

NAME............................

NAME...........................

NAME...........................

NAME..........................

NAME...........................

NAME...........................

NAME..........................

NAME..........................

NAME..........................

NAME...........................

NAME.........................

NAME..........................

NAME..........................

NAME..........................

NAME..........................

NAME...........................

NAME...........................

NAME...........................

NAME..........................

NAME..........................

NAME..........................

NAME...........................

NAME..........................

NAME...........................

NAME..........................

NAME..........................

NAME..........................

NAME...........................

NAME..........................

NAME..........................

NAME.........................

NAME.........................

NAME..........................

NAME...........................

NAME...........................

NAME.........................

NAME.........................

NAME..........................

NAME..........................

NAME.........................

NAME............................

NAME...........................

NAME...........................

45

NAME..........................

NAME..........................

47

NAME............................

NAME............................

NAME...........................

NAME..........................

NAME..........................

NAME..........................

NAME...........................

NAME...........................

NAME..........................

NAME...........................

NAME..........................

NAME..........................

NAME..........................

NAME...........................

NAME............................

NAME...........................

NAME...........................

NAME............................

NAME............................

NAME..........................

NAME........................

NAME...........................

NAME..........................

NAME...........................

NAME..........................

NAME.........................

NAME..........................

NAME..........................

NAME...........................

NAME..........................

NAME..........................

NAME............................

NAME............................

NAME..........................

NAME...........................

NAME..........................

NAME.........................

NAME..........................

NAME............................

NAME.........................

NAME..........................

NAME...........................

NAME...........................

NAME...........................

NAME..........................

NAME..........................

NAME.........................

NAME...........................

NAME..........................

NAME..........................

NAME...........................

NAME...........................

NAME..........................

NAME..........................

NAME...........................

NAME..........................

NAME.........................

NAME..........................

NAME..........................

NAME...........................

NAME...........................

NAME..........................

NAME...........................

NAME..........................

NAME............................

NAME............................

NAME.........................

NAME..........................

NAME...........................

NAME..........................

NAME..........................

NAME...........................

NAME.........................

NAME..........................

NAME..........................

NAME...........................

NAME...........................

NAME..........................

NAME..........................

NAME..........................

NAME...........................

NAME...........................

NAME............................

NAME............................

NAME...........................

NAME..........................

NAME..........................

NAME..........................

NAME..........................

NAME..........................

NAME............................

NAME..........................

NAME..........................

NAME............................

NAME...........................

NAME............................

NAME..........................

NAME..........................

NAME...........................

NAME..........................

NAME..........................

NAME...........................

NAME..........................

NAME...........................

Made in United States
Troutdale, OR
08/08/2023

11905055R00094